Juan Fraile

He arrancado flores con tu nombre

Poemas

Platero
COOLBOOKS

Título: He arrancado flores con tu nombre
Primera edición: julio, 2025
© 2025, del texto Juan Fraile.
© 2025, de la edición, maquetación y diseño Platero CoolBooks.
© Platero Editorial S.L.
Glorieta Fernando Quiñones s/n .
Edif. Centris, planta 2, módulo 10. 41940 Tomares (Sevilla)
info@plateroeditorial.es
www.plateroeditorial.es
Diseño de cubierta: Platero Coolbooks.
Printed in Spain-Impreso en España
Depósito legal: SE 1346-2025
ISBN: 979-13-87720-26-1

A todas las gotas de agua marina
que sueñan con ser lágrimas.

Índice

Capítulo I
Has acabado podrido

Mi vida es un erial:
flor que toco se deshoja.
—Gustavo Adolfo Bécquer

El único infierno es donde estás.
—Charles Bukowski

Otras noches te comprendo.
—Gata Cattana

Podrido

No cuentes conmigo por la noche, avisas
y yo escucho desde el piso de arriba
sin acercarme
para no mostrarte el rostro
y las cosas que se esconden
detrás del rostro.
Me tocará levantar antes de que me hagas caer
como llevo haciendo desde hace meses,
reivindicar la paz
y soñar con la vida mejor.
Cargar todo el peso en la espalda
a costa de las cervicales
y de mi obsesión por avanzar.
Ojalá hubiera leído las instrucciones
antes de empezar a vivir.

CUIDADO:
madurar conlleva el riesgo
de pudrirse prematuramente.

¿X?

```
          S  U   R  JO
ME    S  U  B   O
ME      QUE    JO
ME RE        B AJO
ME      QUEBR  Ó
ME    S          AJO
ME R              AJO
ME            B AJO
ME RESQUEBRAJO
```

14

Duele

Duele la carne cuando está congelada.
Duele mi poca fe,
mi quiero y no puedo.
Duelen los domingos, tan largos como el de hoy.

Duele escuchar la canción que me enseñaste.
Duele que a mi Sevilla le falte tu acento
y que el azahar ya no intente imitar el olor de tu pelo.

Duelen los deseos caducados por falta de tiempo.
Duele el tiempo caducado por falta de deseos.

Duele tocar la felicidad
y que me piten fuera de juego,
cuando en realidad
estaba en línea.

Todo duele.
Duele como un adiós después de Año Nuevo,
como la mirada del ciego.
Duele cuando el azul del cielo
se torna gris cada febrero.

Duele querer como tú me querías.
Pero me duele a mí.

No me apetece querer más.
Hace daño.

Todo duele,
y el dolor no es más que un amor pasado de fecha.

Warning

Tú, la aguja del pajar.
Yo, un globo del montón.
No hace falta indicar quién iba a salir jodido.
No hace falta decir quién fue el que se acercó.

Prólogo

Escribí el prólogo de tu traición
y tú pusiste en la dedicatoria
el nombre de otro.

Llantos

Si me acordara de cómo era aquello de llorar
lloraría por ti hasta que me vieses.
Ya no lloro por dolor ni por pena.
Se han secado mis ojos y por el lagrimal
ya no fluyen los gritos que me liberaban
unos años atrás.
Por más nocturnidad y alevosía
con que saboteen a estos párpados perplejos,
por más tardes que le ricen las pestañas al domingo,
por más puntadas sin hilo y pinchazos en hueso,
por más que intente que llueva en agosto,
sigue seca la ciudad.

Quizás porque
mis lágrimas son tesoros
que no compran el miedo ni el azar.
Quizás porque me hundí en el lodo
e hice de ese barro mi hogar

solo tus lágrimas riegan
mis ganas de llorar.

¿Tienes fuego?

Cuando el fuego se apaga,
el humo es capaz de transportar
una nueva llama hasta la vela
durante sólo unos segundos.

Lástima que nosotros no tengamos esa nueva llama.
Ni esos segundos.
Lástima que yo la haya traído tarde.

No es que nuestro fuego esté apagado,
es que nuestro humo se ha esfumado.

Tu nombre

Odio pronunciar tu nombre
desde que ya no estás aquí.
Odio pronunciarlo,
porque me imagino tu rostro,
porque me acerca a la distancia que nos separa,
porque me deja
un sabor en los labios
que no soy capaz de explicar.
Odio pensar en sus cinco letras
tan esenciales, libres, eclécticas, narrativas,
tan apagadas.
Flores de un delirio en el jardín de mi cordura.
Una cordura que hace tiempo perdió su nombre.
Odio al verbo y al adjetivo que personifican tu ser,
pero odio más al sustantivo,
y a su energía
y a la melancolía que me produce
cada vez que vengo a nombrarte.
Odio pronunciar tu nombre, lo detesto, no sabes cuánto.
Y no te puedes imaginar
lo difícil que es
cuando no viene acompañado de tu apellido.

Robespierre

Mis labios echan de menos
la guillotina de tus dientes.

¿Maldad o picardia?

Has despertado a mi demonio
y este ha colapsado mis llamadas,
mi ángel sufre un gran agobio
porque ya no escucho sus palabras.

Es tan difícil hacer sobrio
lo que ebrio no cuesta nada,
convertirme en todo lo que odio
para que no me des la estocada.

Qué rápido se acaba un te quiero,
cuando no se dice con pasión
es un cigarro en el cenicero.

Intento darte la razón,
me diste con el tiro más certero
y provocaste esta obsesión.

Complejos complejos

Ella era morena. Tenía el pelo corto.
Su pelo podía salir a la calle con ojeras o maquillado de
rubio,
podía vivir en libertad o ahorcado en una gomilla.
Pero sus complejos siempre eran libres.

Intenté encerrarlos en una cárcel de alta seguridad
para posteriormente condenarlos a muerte.
Hice todo lo que pude, pero no fue suficiente.
Ni siquiera fue la mitad de suficiente.

Yo y mis besos no pudimos con ellos.
Yo fui el único que entendió lo que pasaba:

Ni su pelo.
Ni sus caderas.
Ni sus piernas.
Ni sus dientes (que no su sonrisa).
Ni sus ojos.
Ni sus pechos.
Ni sus dedos.
Ni sus labios.
Ni su culo.

Podían alcanzar la perfección de su cabeza.
Y ella lo sabía.

Por eso existían esos complejos,
porque ellos me daban la razón,
y por eso siguieron siendo libres.

Y fueron mis besos los que entraron
en esa cárcel de alta seguridad.
A día de hoy, están condenados a muerte.

Y solo ella tiene la llave de esa cárcel.
Y solo yo entendía que sus complejos
no merecían la libertad de la que gozaban.

Pero ella les tenía cariño. Y los defendía.
Aunque esos cabrones
la estuviesen apagando
poco a poco.

Historias de altamar

Cuando por fin mi barco iba viento en popa,
apareció aquel huracán
con nombre de mujer.
Trabó mi timón,
rompió mi mástil
y me hundió a tal profundidad
que solo podía respirar.
Bendita tasalomanía.

Un error

Un error.
Una noche.
Un concierto.
Un *affaire*.
Una historia.
Un perdón.
Un beso en la escalera de la estación de tren.
Un quizás.
Una escena.
Un adiós.
Una naranja
a la mitad
y una pera.
Un joder.
Un «cuandoquieras».
Un amor.

Navego

Navego el porvenir de los mares
con la esperanza de encontrar un puerto
donde soltar anclas a corazón abierto
para huir de la soledad de mis pesares.

Navego solo, en busca del destino
que me huye desde que miré a un tuerto,
un amor fugaz de camino incierto
donde perder las ganas de un desatino.

Qué manera de apagar un fuego
en el que miles de veces ardí
para navegar donde hoy navego.

Navego en los mares del porvenir
después de que me mirara un ciego
sólo quiero salir de aquí.

28 de abril

Las recomendaciones de las autoridades fueron claras:
hacerse con un kit de supervivencia;
acumular litros suficientes de agua en casa;
hacer acopio de pilas, velas, linternas y hornillos de gas;
la mayor cantidad de gasolina posible;
latas de conservas y alimentos no perecederos.
Se construirán búnkeres a los que habríamos de acudir
ordenados y segmentados por barrios.
Sobre las armas y elementos de defensa
prefirieron no pronunciarse
aunque todos en la ciudad habíamos pensado lo mismo.

Al final,
el día del apagón
los más sensatos nos quedamos mirando las estrellas.

El cuento de nuevo

Enemistado con el veneno
de un marzo que ya no me quiere
del abrazo que no se atreve
a empezar el cuento de nuevo.

Fui cárcel, fui reo, fui títere,
fui saco de boxeo, fui juego,
fui amigo y enemigo, fui Romeo,
fui del peor mal su adlátere.

Encadenado estuve, día y noche
al pensar eterno de su esencia,
al mar inmenso de sus reproches.

Acababa siempre por inercia
timbrando al portal de los dolores
para intentar remover su conciencia.

Celos

Tengo celos del pasado;

del viento que nunca te ha soplado
y del que te sopló mejor.
De la historia que nunca me has contado
porque sabes que soy yo.
De todas las que me has contado, y que no puedo entender.
De lo que a ti te hizo volar, porque a mí me hizo caer.

Tengo celos del presente;

de tirar los dados y que nunca salga un dos.
De arrancar los pétalos y que siempre digan no.
De mirar a todos lados y no ver tu desnudez.
De sentirnos congelados en este eterno atardecer.

Tengo celos del futuro;

de que estemos separados porque no vas a volver.
De mi libro de poesía que ya no querrás leer.
De buscarte entre la gente y solo encontrar rechazo.
De buscarte entre la gente y solo encontrar rechazo.
De retarte al «vida o muerte»
y que me des el primer flechazo.

Tengo celos de todo,
incluso de mis poemas
porque ellos habitan tus labios
mientras a mí el deseo me quema.

Tengo celos de la perfección
porque ella es
y yo no.

Utopía necesaria

No fui capaz de sacrificarme.
Me acostumbré al frío y a no ver a la gente.
Me acostumbré a no tener el monopolio de tus miradas.
Esperé a saber qué es lo que quería
cuando lo que en realidad importa
no es lo que se quiere,
sino lo que se quiere querer.
Me acostumbré a nacer por la noche
y morir por la mañana.
Mi mejor arma dejo de funcionar.
Tus pensamientos apuntan hacia otro lado.
La ciudad ya no me mira cuando paso.
Se me caen las lágrimas sin saber qué decir.
No sé si mentirme o decirme verdades a medias.
El licor ya no paga peaje en mi garganta.
El suelo empieza a parecerme un buen colchón.
El error empieza a ponerme carita de acierto.
Alejarme de ti.
Utopía necesaria.

Navidad

Ni pavo, ni almejas, ni langostinos,
ni carne a la sal, ni salchichón,
ni queso viejo, champán o turrón,
ni jamón, ni uvas, ni un buen vino.

Ni Belén, ni árbol, ni villancicos.
Ni reyes magos, incienso o carbón,
Me han robado unos elfos la ilusión
y el reno ha apagado su hocico.

Este año sobran sillas vacías,
faltan abrazos y muchos besos.
Navidad que no provoca alegría.

Navidad triste, exceso de excesos
donde mienten las copas mientras brindan
por un feliz y próspero año nuevo.

Enemigos

Podemos hablar de tu falta de intenciones,
de mi envidia o mi ignorancia,
de todo lo que está mal entre los dos
o simplemente podemos quedarnos sentados
en la escalera de al lado de la puerta de mi casa
y esperar a que se haga de día.
Justo cuando empezabas a descoserme los traumas
que otras personas hilvanaron en mi piel
y yo empezaba a escribirte algunos de mis mejores versos
decidiste apuntarme con tu desgana.
Y disparaste.
Y yo no me quité de en medio
cuando descargaste el cargador.
Mi corazón cambió de marcha para acelerar,
la sangre me quemaba las venas
y mientras tanto tu sangre
se quedaba quieta.

La luna

— Te has dejado la puerta del patio abierta

+ …

— He estado pensando

+ …

— Esta casa es un desastre

+ …

— Otra semana que no hemos follado

+ …

— No me jodas con esto otra vez

+ …

— ¿Te acuerdas de Malta y todo lo que nos reímos?

+ …

— Ya no vamos tanto al cine

+ …

— No tienes remedio

+ …

— No te echo de menos como antes

+ …

— Para de llorar, por favor, respira tranquilo

+ …

— Me estás asustando

+ …

— ¿Es que no tienes dos deditos de frente?

+ …

— Avísame cuando estés dispuesto a cambiar

+ …

— Eso no me lo habías contado

+ …

— Creo que necesito un tiempo

+ …

— No sabía que te afectaba tanto

+ …

— Parece que no me necesitas

+ …

— No me apartes la mirada

+ …

— Quiero acabar con esto

+ …

— …

+ ¿Tú te has parado a mirar
   lo bonita que está la luna esta noche?

La gran tristeza

La tristeza me abraza
como una madre a su hijo
y la melancolía que me presta
no me deja respirar bien.

Me he pasado gritando casi dos noches enteras
pero no lo suficientemente alto
y mi grito no ha llegado a rebotar en la pared
para volver conmigo.

Nadie entiende la oscuridad que tengo,
nadie.
Me siento solo en esta cama
desde que duermo acompañado.
Nadie entiende la oscuridad que vivo,
nadie.
Estoy tan solo en esta cama
que no puedo soñar por las noches
y el corazón me pesa demasiado
como para seguir latiendo.
Nadie entiende la oscuridad que represento,
nadie.
Y por eso nadie viene a rescatarme.

La basura

A menudo me podrás encontrar
fantaseando con un encuentro casual
que nos permita una última oportunidad
de tener la última oportunidad.

Pretendiendo evitar que algo empeore la historia
yo he calibrado ese instante
para que no nos ahoguemos en la sorpresa
cuando nos salpique la prisa
con la insolente brevedad de las palabras
dichas por decir.

Había pensado que, en alguna tarde tonta,
yo escogería el camino largo a casa
y
justo cuando pasase con el coche
por la rotonda de la esquina de tu calle
te pillase tirando la basura al contenedor

pero luego he pensado que
coger un camino solo para pasar por tu casa
es un acto psicópata, que
hace meses que no me diriges la palabra y que,
además,
tú no has ido a tirar la basura en la vida.

Vienes y te vas

Vienes y te vas.
Parpadeas.
Huyes hacia la playa cuando no van bien las cosas,
y mientras dejas en la arena
tu piel salada de la marea,
las olas no son más que un ir y venir de intentos
de un mar que sólo quiere tenerte cerca.
Pero nadie te llega a alcanzar.
Yo sólo te pido,
como gota de agua marina
que siempre quiso ser lágrima,
que cuando mires al cielo
porque la luna te lo ha pedido,
me cuentes cómo son las estrellas
    que yo no puedo ver.
Acuérdate de mí
cuando veas las perseidas.

Capítulo II
¿Te acuerdas?

Presta atención,
nada se repite.

¿Y?

```
    ENTRE   N  O
TE ENTRETENGO
TE ENTR        O
TE      RET    O
TE ENTRE     GO
TE        TENGO
TE        RETENGO
```

Si tú sólo

Si tú sólo hirieras mis labios
con el dulce puñal de un colmillo
yo erraría en mi afán por cerrarlos
uniría tu grito y el mío.

Si tú hablaras de nuevos finales
cambiaría mis viejos principios
allí donde grabé los anales
de la historia que nunca escribimos.

Si tú sólo me lo pidieras
haría que parasen el viento
que este cuento se resume
en los calambres de mi cuerpo.

Si tú sólo insistieras
yo encontraría el momento
para firmar mi condena
y liberar tus lamentos.

7:29

Se opacaron el color y la nitidez
dentro del más oscuro de los escondites
que el trayecto nos guardaba.
No conseguía escapar
de las vidrieras tu reflejo,
y a mí sólo me quedaba lo de observarte sin parar,
hasta que se encendieran las luces
o hasta que a ti te diese por pillar
a mi reflejo intentando escapar
de las ventanas también.
¿Cómo no va a ser bonita la oscuridad
si es ahí donde te puedo ver?
Ni con una manada de parpadeos podrías evitar
todas las miradas que quiero dedicarte.
Fue en esa espera que nuestros reflejos,
sentados al borde de la ventana,
el tuyo agarrando con los brazos las rodillas,
el mío con el frío de quien echa de menos amar,
se sinceraron,
diciendo todo lo que tú te quieres callar
y todo lo que yo no me atrevo a decir:
que se me vuelve el invierno primavera
cada mañana que me deslumbras;
que a mí este quebrar de estómago, este sudor frío
y esta piel de gallina
me saben a honor;

que me dan miedo tus sonrisas
porque se parecen a algo que es perfecto
y me ponen a tus pies.

Mientras esas sombras,
que eran como dos luceros con ganas de brillar,
se sabían seguras
y hablaban de avanzar,
el tren echó a rodar,
separándolo todo.
A mí solo me quedó rezar para pedirle algo al sol:

ojalá no haya luz
al final de este túnel.

Sol

Me podría pasar todo mi presente
y gran parte de mi futuro
mirando lo bien que te queda el sol en la clavícula,
hasta que me des un motivo
para declararte la guerra.
Leí el tatuaje que tienes
entre la séptima y la octava costilla derecha
en braille, por supuesto,
y bajé
hasta coger la primera salida
de la rotonda que hacía un lunar en tu cadera,
y llegar allí donde mis manos
se peleen con tus manos
y las dejen ganar,
para que luego ellas se ceben con mi espalda
hasta que dejes escrita en mí
esa frase en latín
que tanto te importa.
Mientras yo escondo mis problemas
donde tus piernas cambian de nombre,
te doy permiso para agarrarme del pelo
todo lo fuerte que tus ganas te permitan,
para que así sepas que soy el clavo ardiendo
—por culpa de tu respirar entrecortado—,
al que siempre te podrás agarrar
cuando creas que vas a caer.

Estaría todo mi ahora
y gran parte de todos mis «despueses»
mirando lo bien que le queda
el sol a tu clavícula.

Borracho de viento

Creo que hablamos de un tacto diferente:
Yo, escribiendo mis deseos.
Tú, deseando que te escriba.
Yo, de meterme en el agujero
cuando hay algo que se agita.
Tú, de decorar el cielo,
de buscar y encontrar una salida.
Yo, borracho de viento.
Tú, enamorando a la brisa.
Yo, personaje secundario de mi cuento.
Tú, de figurante a protagonista.
Yo, de ocultar mis lamentos.
Tú, de enseñar tu sonrisa.
Yo, de decir lo que siento.
Tú, sin sentir y con prisas.
Yo, de decir que lo siento.
Tú, de por favor y gracias.

Abres un hueco en mi pecho.
Cada vez que tus ojos me miran.
Lleno ese hueco de miedos
cuando sé que tus ojos me evitan.
Estoy enganchado al veneno
que consiguen tus poros que emitas,
adicto a cómo huele tu pelo
y a los poemas que tus labios recitan.

Novilunio callejero

Mendigando conseguí un beso,
desde entonces, mendigando vivo.
No es posible salir ileso
de los versos de un mendigo:

¿Para qué hoteles de cinco estrellas?
Pudiendo dormir en los laureles.
¿Cuánto le queda a la luna llena?
Pregunta el lobo todos los meses.

Le desterraste de tus labios
y al no encontrar respuesta
se marchó sin decir adiós
a mendigar en otra puerta.

Meses y meses pasaron
y su sed de ti era eterna.
Como diría cualquier sabio,
lo idóneo una sola vez se encuentra.

(No me iré si no me olvidas).
Dijo el mendigo entre penas
que sin sus besos de salvavidas
murió con la luna nueva.

Con la mente en otro mundo
y tus ojos como estrellas,
yo seré ese vagabundo
que como un fiel lobo te espera.

Devaneo poético

Si no te enseño mis coplas, liras o sonetos incompletos
es porque quiero que tú seas
mi romance sin final.

Ahora

Chica alegre, con historias que contar,
busca piso en el que guardar su corazón
y sus pendientes.
Amiga del desastre
y de las historias sin final feliz,
ya no quiere olvidarse del amor
en camas ajenas,
distintas cada fin de semana.
Ahora, esquiva del porqué y de la duda,
sabe mucho más.
La niña de ojos negros
ha aprendido a sonreírle al espejo
por segunda vez.

Soneto

Después de haber susurrado suavemente
veinte «te quieros» inundados de miedo,
hice un par de intentos por romper el hielo
de tus desnudas orejas sin pendientes.

Antes de acercarme para oler tu pelo
miré de reojo el lunar de tu vientre,
acepté todos tus noes a regañadientes,
esperé paciente que lloviera un sí certero.

Mientras desanudaba el lazo del corsé
desnudé a tus pulmones y sus curvas,
olvidé besar más despacio tu piel.

Acabaste con el miedo y la culpa
allí donde brota rojiza tu hiel
mi cortedad se quedó a vivir de okupa.

Perfección y Desastre

Se llamaba Perfección.
Era hija de Conciencia y Miedo,
nieta de Nostalgia y Soberbia,
y hermana de Alegría.
Un día cualquiera, conoció a Desastre
a través de su amiga Coincidencia.
Desastre era hijo de Indecisión y Soledad,
hermano de Depresión
y amigo íntimo de Vanidad y Locura.
Sin quererlo ni beberlo —o eso dicen—, se enamoraron.
Bastaba con verlos juntos para saber que Desastre
era el primer y único error de Perfección.
Pero a ella no le importaba.
Un día, sin avisar a nadie, desaparecieron.
Lo dejaron todo atrás para seguir hacia adelante. Juntos.
Hay quien cuenta que abandonaron el país y decidieron
cambiar su identidad.
Perfección pasó a llamarse Bendición.
Desastre ahora se llama Suerte.
Años más tarde tuvieron una hija a la que llamaron Ironía.
De cualquier manera, fueron, probablemente,
la más bella historia que ambos vivieron.

Algo bonito

Bonitos tus ojos, mi terreno.
Nuestra fiesta de alcohol, humo, fuego.
Bonito tu olor a caramelo.
Bonito este amor tan verdadero.
Bonita la flor de tu sonrisa,
harem de emociones.
Bonita tú, y más bonita
cuando cantas mis canciones.
Bonita tu risa,
que era gerundio cuando me enamoraba,
y ahora es presente perfecto
y tú la dueña de mis alas.

Y si...

¿Y si volamos a la luna para no volver?
Huimos de esta estupidez de vida,
reiniciamos la partida.
¿Y si guardamos la ternura
que nos sobró de ayer?
En frascos de cristal,
exhaustos de esperar
todo lo que no ven.
Todos los que no ven
valoran la oscuridad
y la acaban por odiar,
como el cazo a la sartén.
Quisiera estudiar la agricultura
de los vellos de tu piel,
dibujarte a ti desnuda
sin bolígrafo ni pincel.
¿Y si acabamos los problemas
que nunca debimos iniciar?
Dejamos la puerta abierta
para quien quiera volver a entrar.
Echamos a los malos demonios,
de los buenos, que vengan más.
¿Y si estornudamos a la vez?,
le subimos a tu sonrisa el brillo,
alejamos al martillo
de los clavos del ayer.

Pasamos la página del libro.
Olvidas que es jueves.
Nos ahorramos los créditos, los débitos
y los aranceles.
¿Y si vivimos como queremos?,
inundamos de besos las fotos,
multiplicamos los antojos,
cruzamos el Atlántico a remo.
Y si no hay salida,
salimos sin que nos vean,
corremos a contracorriente,
abrimos las jaulas del vientre
y empezamos la pelea.

¿Y si esta estupidez de vida
no es tan estúpida como los que la viven?

Brillar

Puedo ayudarte a brillar si me dejas
pero tienes que apagar las luces de la habitación
acercarme tus latidos
y darme permiso para rellenar tus hoyuelos
con todos los besos que encuentre en mis bolsillos.
Puedo enseñarte a manipular las verdades
—con tu voz será más fácil—
a elegir la oscuridad que mejor te defina
y traerte todas las necesidades
para que consigas oponerte al futuro
que te está esperando impaciente
por verte llegar.
También puedo quitar el azúcar
de todas las cosas dulces
a costa de amargar un poquito más mis tardes
si así no necesitas huir.
Puedo llegar a intentarnos
pero solo tú puedes conseguirnos.

Hilas y las ninfas

¿Por qué me debería acercar?
Si ya me has arañado la espalda con la mirada,
y sobre mis hombros has cargado
todo el peso de un pestañeo,
si ya me has abrazado como si fuera
el último abrazo que puedes dar
[que sabes que puedes dar].
Y yo te he desnudado todo lo rápido que he podido,
y te he observado sin prisa,
como deben observarse
las esculturas griegas,
las ninfas del cuadro de Waterhouse,
o el baile de unas cortinas con el viento,
tan lento que se ha cansado el tiempo de esperarme,
durante los 3 segundos que pude aguantarte la mirada.

¿Por qué tu rostro es tan definitivo
y las luces tan precisas?
Tu expresión es tan bendita,
tus labios tan mínimos,
las líneas de tus manos no dicen nada,
las yemas de tus dedos no te acarician,
imaginando que son
las yemas de mis dedos.
¿Por qué te iluminan de esa manera tan tenue?
Convirtiendo tu perfil en una silueta que por momentos

cobra vida,
[y por momentos se escapa].
¿Y por qué me vuelven loco
y solo puedo pensar en cargarme a patadas
[los metros que nos separan?]
Si cierras un poco la boca
y me cantas más con los ojos.
Te prometo que te leo
todos los poemas que te he escrito.
Si vas a abrir la boca
que sea para darme un beso.
Si se van a callar tus ojos
que sea por lo mismo.
Si vas a hablar
que sea en silencio.
Tienes derecho a permanecer en mi cuento.

Te quiero

Tengo ganas de tentarte
Nada apacigua mi espera

Puedes hacer lo que quieras
Esto es un aviso urgente
Cerca de este corazón inerte
Tendrás siempre una escalera
Para rozar estrellas ronceras
Mientras tu cuello me deja olerte

Huida

Volverán a comenzar los finales felices.
Volverán nuestras madrugadas madrugadoras.
Volveré a escribirte tonterías a deshoras.
Volverán a sonar a «ahoras» nuestros entonces.

Volveré a admirar tu belleza en las auroras.
Volveremos a arrancarnos a gritos las voces.
Volverás a quedarte después de las doce.
Volveré a ser aquel que no te dejaba sola.

Volveré a regalarte las flores sin espinas.
Volverás a ser la que provoca mis ojeras.
Volveremos a ser del dolor, morfina.

Volverá a ser tu casa mi otra madriguera.
Volverás a poner mis besos en nómina.
Volveré a ser aquel que como un lobo te espera.

De las dudas infinitas

Las luces del espejo servían como luz
y *alhambraban* la ducha como el escenario que era.
Nunca tuve el ritmo en las venas
ni pareja de baile
y mientras practicaba una lenta
era mi sombra la única que me seguía el compás
y yo siempre le pisaba los zapatos.
Aprendí los pasos
        —del baile de los muertos—
la misma noche en la que me explicaron el secreto
para dormir cuando no estés.
Aunque, no me juzgues,
si tú no estás, yo soy de los que prefieren
que me maten
a bailar.

Esa brisa del norte

Abrir tu libro
es lo más cerca que he estado de tocarte.

Leer tus poemas
es lo más cerca que he estado de hablar contigo.

Los he imaginado con tu voz,
que es lo más cerca que he estado de escucharte.

Los he recitado con la mía,
que es lo más cerca que he estado de besarte.

He doblado una página y eso es
a un recuerdo lo más parecido que tenemos.

Has descrito una playa y eso es
lo más cerca que hemos estado de pasearla juntos
mientras nos persigue
esa brisa del norte.

He subrayado tus frases y eso es
lo más cerca que he estado de pedirte que te quedes.

La poesía ha agitado una península y
tú y yo solo somos dos dados
que han caído con el mismo número.

Affaire

Mi inspiración
son dos dedos acariciando el lunar de tu hombro
un suspiro cerca del oído que anuncia el escalofrío,
y a su vez te escarpa la piel
haciendo a tus vellos más rígidos.
Mi libertad acaba donde empiezan tus labios,
y donde acaban tus labios,
acaban mis ganas
de todo lo demás.
Tengo versos del tamaño de la distancia que nos separa,
y no dejan de crecer,
por más que yo intente resumir
mis intentos por acercarme a ti
en un pareado.

Bowie

Tus labios dos vinilos
mi lengua un tocadiscos,
¿sonamos juntos?

Capítulo III
Todo va bien, pero tú no

El mundo está lleno de lugares en los que fracasar
y yo no pienso perderme ninguno.

Cactus

Soy experto en borrar las huellas
antes de cometer el crimen.
Experto en pasar por aros
sin que nadie me lo ordene.
Gasto más tiempo pensando en el qué pasará
que en hacer que pase.
Intento no hacer daño intentando amar
pero soy un cactus despeinado.

Olvidar

El pasado es abrumador y el futuro, incierto.
El pasado es incierto y el futuro, abrumador.

Sólo han cambiado
de orden dos palabras
y entero mi mundo.

Lo que me llevo en la maleta

Un par de pinchazos en el corazón que me aceleraron la
sangre;
seis abrazos de los que funcionan;
una bufanda de lágrimas que aún están por salir;
la fuerza para resistir las fuerzas para resistir;
mi adicción a la soledad;
tres gramos de soledad;
el recuerdo de quien se quiso ir;
la derrota que marcó mi camino;
mis miedos y complejos peleones
que me siguen definiendo
(voy a empezar a enorgullecerme de ellos, así se irán);
la receta de la felicidad, que por ahora siempre me sale sosa;
unas fotos del mejor día de mi vida;
las ganas de verte;
un beso sin dueño que me encontré en un bar;
una muerte que me recordó que hay que vivir;
un sueño que sólo estaba dormido.

Flores con tu nombre

He arrancado flores con tu nombre.
Aparecen en los lugares más inhóspitos del pensamiento
y crecen gracias a la luz de la luna.
Las miro, ¡claro que las miro!
Cada noche al acostarme
y cada día al despertar.
Las miro con la esperanza
—que solo gastan los necios—
de que sigan ahí toda la vida.
Es como si esas flores
sólo hubieran nacido
para que yo las huela,
para que yo las cuide,
para que hagan de mis dedos
una ciudad de espinas.
Las he dejado en un jarro de agua de recuerdos
intentando que no dejen de vestir ese olor
a papel quemado
hasta que me marchiten.
Y si cada vez las descubro

más delgadas,

más raídas,

más secas.

Podridas.

Prometo que no encontrarán en mi memoria
un cementerio para sus pétalos.

Astigmatismo

Los enamorados son miopes
que sólo ven nítidamente
las estrellas que nunca tuvieron enfrente.

La sombra

Mi sombra tuvo una crisis existencial
y desde entonces vive de destellos.
Como una bombilla titilante,
un semáforo en ámbar,
un intermitente,
un parpadeo.
Mi sombra oscila entre la vida y la muerte cada vez que
el cielo quiere llorar

                                           [mis disgustos.

Canela y flores

Perdón por las horas de agua
y los relojes de hielo.
Perdón por el negro duelo
y por el árbol sin sabia.

Amor, verdad, todo cambia,
el opaco azabache del ciego,
el fugaz contestar del apego,
el olor de los días de lluvia.

Qué mejor que estar en cuarentena
para olvidar de una vez los errores
y hacerle trampas a la pena.

Si abres la puerta en condiciones
hallarás en tu sala de espera
mucha miel, canela y flores.

Carretera V-941

Conduzco de noche por una carretera negra con líneas blancas pintadas. Tiene una a cada lado y otra en el medio. La última no se puede sobrepasar; está prohibido. De eso hablamos más tarde.

En la carretera hay más sombras que luces y pocas gasolineras.

Mi coche, un SEAT antiguo venido a menos, sólo piensa en llegar a mi destino.
Mi destino: llegar al final de la carretera negra con líneas blancas. O eso se supone.

En el camino me cruzo con mucha gente. Algunos van en mi misma dirección, pero están detrás de mí. Suelen tener más prisa de la cuenta, por eso me adelantan y se van.
Para hacerlo, cruzan la línea blanca del medio, la que no se puede cruzar.

No se puede cruzar porque, si lo haces demasiado deprisa, acabas el trayecto.
Si lo haces demasiado despacio, acabas el trayecto.
Si te quedas parado en ella, queriendo o sin querer, acabas el trayecto.
Acabas el trayecto antes de llegar al final de la carretera negra.

Volvamos a la gente con la que me cruzo. Ya os hablé de los que van más rápido que yo y se van.
Ahora os hablaré de los otros.

Los que aparecen delante de mi capó y sólo pisan el freno para no ir más rápido de la cuenta.
No los juzgo. La mayoría tiene sus motivos:
Tal vez su coche no aguante velocidades más altas,
o anden faltos de gasolina,
o simplemente estén reduciendo la velocidad para
reencontrarse con alguien a quien dejaron atrás hace tiempo.

Yo fui uno de estos, más de una vez.

Procuro pasar el mayor tiempo posible detrás de este grupo.
Son, sin duda, los únicos que verdaderamente saben
a dónde lleva este camino.
Esta carretera negra con rayas blancas.

El último grupo con el que me cruzo es el de los que van en sentido contrario,
los que viven en el carril del que me separa la línea blanca del centro, la que no se puede cruzar.
Habitualmente sólo comparto con ellos unas centésimas de segundo,
pero no tengo ninguna duda de que son los que mejor me caen.

Y, por último, os hablaré un poco de mí.
Voy siempre a la velocidad que marcan las señales.
No tengo el mejor coche,
pero sí uno que sé que me llevará a donde quiero.
Y quiero ir a un lugar que no elijo yo. Lo elige el destino.
Sí, soy uno de esos que creen en el destino,
en que todo está escrito y que casi nunca podemos cambiarlo.

Digo casi nunca porque hay ocasiones en las que se le
pueden pedir favores al destino.
Por eso hubo un tiempo en que decidí reducir la velocidad,
esperando ver de nuevo en mi retrovisor esa matrícula que
dejé atrás hace ya varios kilómetros.
Aunque sirviera de poco.
Pero eso tiene menos importancia.

Conduzco solo.
No tengo copiloto ni pasajeros.

Los segundos, porque no me hacen disfrutar del viaje.
El primero, porque no me gusta que me digan lo que tengo
que hacer.
Sí, es curioso que lo diga alguien que hace dos párrafos
afirmaba creer en el destino.

Es algo que aprendí con mi primera compañera de viaje.
La misma a la que estuve esperando ver de nuevo durante
muchos kilómetros de mi carretera.

Procuro no adelantar más de lo necesario ni conducir con
prisas.
He dicho que se le pueden pedir favores al destino,
y sé que este siempre se los termina cobrando.

Alguna que otra vez le miro las cartas al destino.
Sólo por sentirme un poco más vivo.

No sé si mi coche aguantará todo el trayecto,
pero sé que nunca me faltará gasolina.
Llené los depósitos antes de empezar el viaje.

Carretera V-941.

Alianza

Me entrego a ti
y prometo serte fiel,
en la prosperidad y en la adversidad,
en la salud y en la enfermedad.
Y así, amarte y respetarte
todos los días de mi vida.

Eso fue lo que le dije
a lo que todos llamáis poesía.

Supongo

Supongo que ahora
iré a León a conocerte.

Cogeré el tren de las 7
y estaré en tu pueblo antes de que anochezca.

Supongo que querrás que cenemos
en un restaurante que crees que me gustará.
Supongo que me gustará.

Supongo que me saludarás con dos besos,
aunque no es lo que me gustaría.

Pasaré el finde allí y supongo que no querrás
que duerma contigo esta noche.

Me hablarás sobre tus nuevos poemas,
de los que no sabes si estás lista para enseñar.

Supones que yo no quiero
enamorarme de ti,
y yo supongo que
ya es tarde y la dicha es buena.

Supongo que te gustaría que volvamos a vernos
el mes que viene
y te lo pregunto.

Sonríes.

Supongo que ha sido buena idea levantarme temprano,
coger el tren de las 7,
dos autobuses
y venir a León a conocerte.

¿Z?

```
HE          IDO
HE S        IDO
HE  O       IDO
HE    RE    IDO
HE       VIVIDO
HE     REVIVIDO
HE SOBREVIVIDO
```

Conversaciones de entretiempo

Hace tiempo que me encontré con aquella mujer:
—Estás hecho un hombre —me dijo.

Me hizo pensar:
¿qué podría ser sino un hombre?

Un hombre.
Nunca fui ni más ni menos que eso.
Un hombre con las manos escondidas
y con la carga de una mochila de un solo asa a mi espalda;
un hombre que se esconde cuando suben el volumen al
salón
y que prefiere reír solo
a llorar acompañado;
que nunca deja un libro a medias: siempre los dejo al 70%
y, a veces, los termino.

Me pasa lo mismo con las personas:
a veces las termino
y otras veces son ellas las que terminan conmigo.

Y con las metáforas.
A todas las quiero conocer,
pero a ninguna le interesa estar mucho tiempo conmigo.

No soy más que un hombre,
ni menos que eso;
no miro por encima del hombro
a las personas que, por lo visto,
son más altas que yo.

Ni quiero.

A esos me limito a advertirles
que se cuiden de los aires de superioridad.
Acostumbran a tornarse
huracanes en su contra.

Siempre intento encararme con las que me sacan sólo un palmo,
porque lo importante es el cara a cara.

No dejo pasar los trenes más de una vez en la vida
y suelo subirme en algunos que no me corresponden,
de vez en cuando.

No soy más que la mujer que me trajo al mundo
ni que el hombre que me mantuvo en él.
Soy, eso sí, algo menos
que el hombre que va de mi mano.

Un hombre.
Eso es lo que soy.

Y puestos a ser,
siempre quise saber qué seré.

Nunca lo he sabido antes de tiempo,
pero pienso que seguiré pensando
e intentando aprender:

a aprender mejor,
a escribir mejor,
a vivir mejor,
a sentir mejor,
a olvidar mejor,
a escuchar mejor,
a perdonar menos,
a querer más

y a soñar como un puto loco
todos los días que me quedan.

Solsticio de invierno

Vi el cuadro del que fuiste musa.
El agua de aquel mar era tan azul que
 al cielo le daba vergüenza salir sin maquillarse
 con las nubes más grises de su armario.
Vi que ahora tu ropa es
más bonita que la de hace tiempo,
que sonríes distinto
y a la vez algo peor
y que aquellas que son tus musas
inspiran todo menos confianza.
Los platos que había en el cuadro relucían e incitaban
al peor de los pecados.
La envidia se paseó cerca de mí
y me quiso acariciar allí donde solía vibrar
tu eco.
Mi eco.
Nuestro eco.
Había carne, arroz y frutas tropicales,
cerveza oscura y, sobre todo,
que lo vea la gente.
A estas horas de la tarde
los colores de la pintura del cuadro
ya hacían que el cielo luciese
                              [más moreno que antes.
La vergüenza no quiso aparecer a echarme una mano
y yo no quise encontrar un fallo

[en el trazo de aquel lienzo tan cruel.
Pero esas vidas duran poco
y bailan con la muerte antes de que el ocaso
deje de mirarse en el espejo.
Mi única suerte es que siempre he sido animal nocturno
y empecé a vivir en la oscuridad
un tiempo antes de que se apagaran las luces
de ese maravilloso algo que fue lo nuestro,
para que no me pillase a contrapié
el cambio de hora.

Escalas

Me quedó muy grande
eso de sentirme tan pequeño a tu lado.

Invierno

Ella era un gorrión, mojada de volar bajo la lluvia;
yo era un árbol con las raíces podridas y las hojas
mal peinadas.
Fueron pocos los segundos de otoño que compartimos:
se posó en una de mis ramas mientras se secaba
las plumas.
Cuando recuperó el aliento se fue sin avisar,
dejándome temblando desde el tronco

                                    [a la simiente.

Después de ella, sólo invierno.

Las noticias de RNE

Entre tu ventana y mi ventana
brilla sólo una luna,
suena tu voz por las mañanas
contándome alguna catástrofe nacional
y no cabe entero este amor.

Entre mi sur y tu norte,
no tantas cosas separan
tus ganas de mis ganas
de cuidarte hasta que me quede sin fuerza en los brazos.

Entre tu acento y el mío
hay sólo dos pantallas
encendidas de madrugada
que se niegan a apagarse
aquí o allí.

Entre tu cama y mi cama
hay una escala en Madrid
y ochocientos kilómetros de distancia
que soporto yo en el pecho
y pesan mucho.

Entre mi yo de ayer y el de mañana
hay una chica asturiana
que no me permite dormir tranquilo.

Supr

En mi vida, como en mi ordenador,
la tecla de borrar siempre ha estado más desgastada
que la de darme espacio.

Foco

El pasado es un foco
apuntándote directamente a ti.
La silueta de tu sombra se proyecta
en el patio de mis sueños.

Mientras tanto

Mientras tú has estado mirando el techo,
parece que en el mundo no ha pasado nada.
Mientras parece que en el mundo no ha pasado nada,
una chica le ha dicho a otra que quiere presentarle a sus
padres/
un niño le ha dicho a su madre que tiene sed
en Kenia/
dos señores con corbatas se han estrechado la mano
después de haber cambiado el pueblo
donde se crio mi abuelo
por un bosque de placas solares/
un padre con demasiadas obligaciones ha vuelto a comprar
otra botella de *whisky*
sin decírselo a nadie.
Mientras tú has pensado «vaya mierda de vida»,
un padre con demasiadas obligaciones
que ha vuelto a comprar
otra botella de *whisky* sin decírselo a nadie
también ha atropellado a un chico de 16 años
que volvía a casa en bicicleta después de jugar al
baloncesto.
Mientras tú has estado mirando el techo
y en el mundo ha pasado todo eso
yo he escrito este poema.

Momentos I

Miro a una chica desde el asiento de detrás.
Se que conozco su nombre, pero no quiero
acordarme de él.
En mi móvil suenan Quique González y Súper Nina.
En megafonía dicen que llegamos a San Jerónimo.
Solo veo sus orejas y una mejilla morena.
Consigo atisbar
un parpadeo.
Me divido entre el efímero paisaje y su indiferente
medio rostro.
Como siempre, me decanto por la indiferencia.
Tal vez se gire un segundo
o tal vez no volvamos a coincidir
Próxima parada, Camas.
Hace tiempo que esa no es
mi última parada.
Me doy la vuelta para ver si hay alguien que
me esté mirando desde el asiento de atrás.
No hay nadie.
Casi nunca hay nadie.
Vuelvo a girar la cabeza
y esta vez
seré yo el que ponga la indiferencia.

Momentos II

Desde allí me veía a mí mismo,
como si fuese algún tipo de espectro separado de lo
corpóreo,
a dos metros de altura,
y mi única función fuera observarme desde aquella
perspectiva,
tan real y tan humana,
tumbado en la cama agarrando un libro con una sola
mano.
Reinaba el silencio, sólo escuchaba
ese incómodo pitido que siempre me acompaña en mi
oreja izquierda.
La respiración era tranquila, los latidos también
tanto,
que estos se trasmitían al libro como si este latiese
conmigo.
Tal vez la noche me quería decir que el libro tenía vida
o, tal vez,
que era yo el que me sentía vivo cuando leía.

Momentos III

En el amor
si no tienes las de perder,
estás perdido.

Momentos IV

Son días tristes.
He terminado Metafísica de los tubos y ahora
quiero escribir
sobre la metafísica de las paredes.
Hay personas que son tubos.
Hay personas que son paredes.
Yo me entiendo.
Solo soy un zombi suspende-exámenes.
No me gusta eso.
Me encantan las canciones de Pau Donés.
En serio, ese tío no sabía hacer nada mal.
No me vuelvo a poner esta sudadera para hacer un
examen.
Próxima parada València-Canbanyal.
No se hacia dónde va este tren.
No hablo del tren.
Le quiero hablar a esa chica.
No sé si le tengo que hablar.
Laissez-faire. A veces no funciona.
Me ponen feliz los días tristes como este,
pero hoy estoy triste.
Ya no hay inspectores en los trenes.
Mañana sale el documental de Sabina.
Voy a ir bastante al cine próximamente.
Se acaba de ir la luz del tren.
Sigo sin hablar del tren.